Impressum
Verlag: BABADADA GmbH, Nedderfeld 112 , 22529 Hamburg
Geschäftsführer / Verlagsleitung: Harald Hof
Druck: Books on Demand GmbH, In de Tarpen 42, 22848 Norderstedt

Imprint
Publisher: BABADADA GmbH, Nedderfeld 112 , 22529 Hamburg, Germany
Managing Director / Publishing direction: Harald Hof
Print: Books on Demand GmbH, In de Tarpen 42, 22848 Norderstedt

escola

school

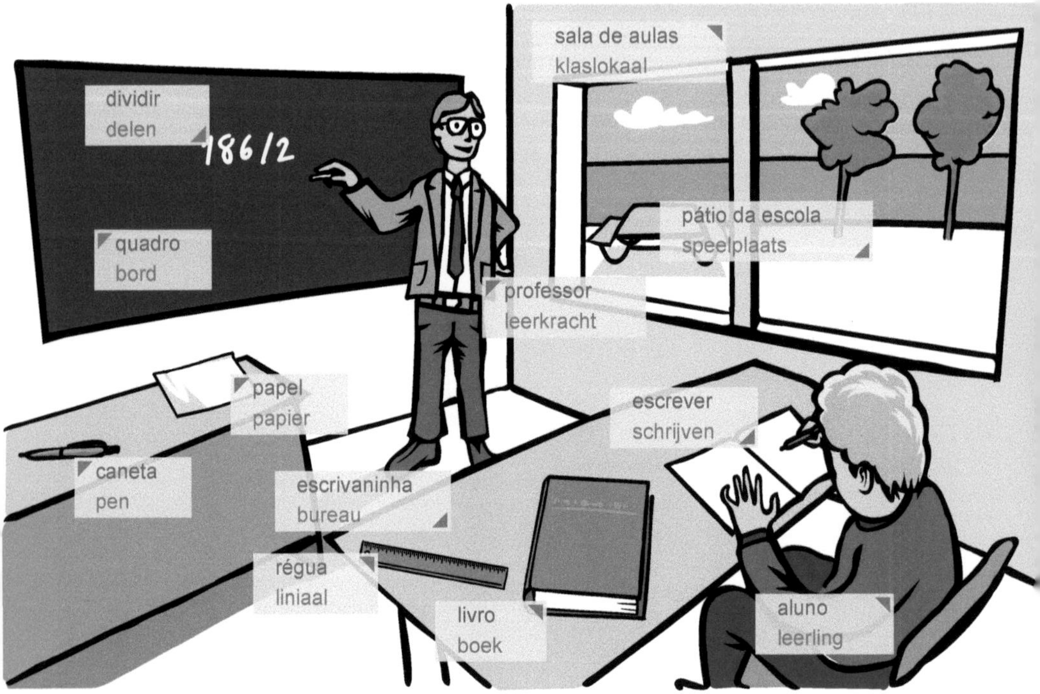
sala de aulas
klaslokaal
dividir
delen
186/2
quadro
bord
pátio da escola
speelplaats
professor
leerkracht
papel
papier
escrever
schrijven
caneta
pen
escrivaninha
bureau
régua
liniaal
livro
boek
aluno
leerling

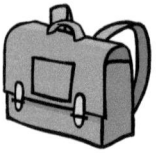

sacola

schooltas

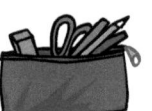

estojo de lápis

pennenzak

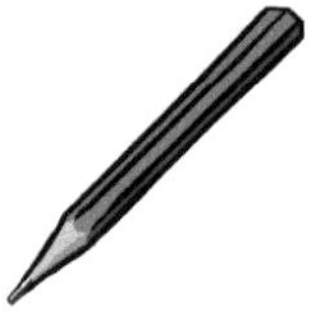

lápis

potlood

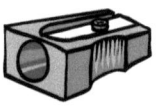

apontador de lápis

puntenslijper

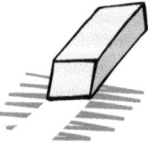

borracha

gom

bloco de desenho

tekenblok

desenho

tekening

pincel

verfborstel

estojo de tintas

verfdoos

tesoura

schaar

cola

lijm

livro de exercícios

werkboek

lição de casa

huiswerk

12

número

nummer

2+2

somar

optellen

5-2

subtrair

aftrekken

2×2

multiplicar

vermenigvuldigen

calcular

rekenen

A

letra

letter

ABCDEFG HIJKLMN OPQRSTU VWXYZ

alfabeto

alfabet

hello

palavra

woord

texto
tekst

ler
Lezen

giz
krijt

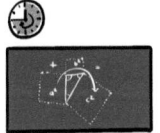

hora
les

registro da classe
klassenboek

exame
examen

certificado
certificaat

uniforme escolar
schooluniform

educação
onderwijs

enciclopédia
encyclopedie

universidade
universiteit

microscópio
microscoop

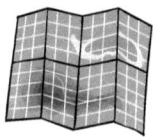

mapa
kaart

cesto de lixo
papiermand

viagem
reis

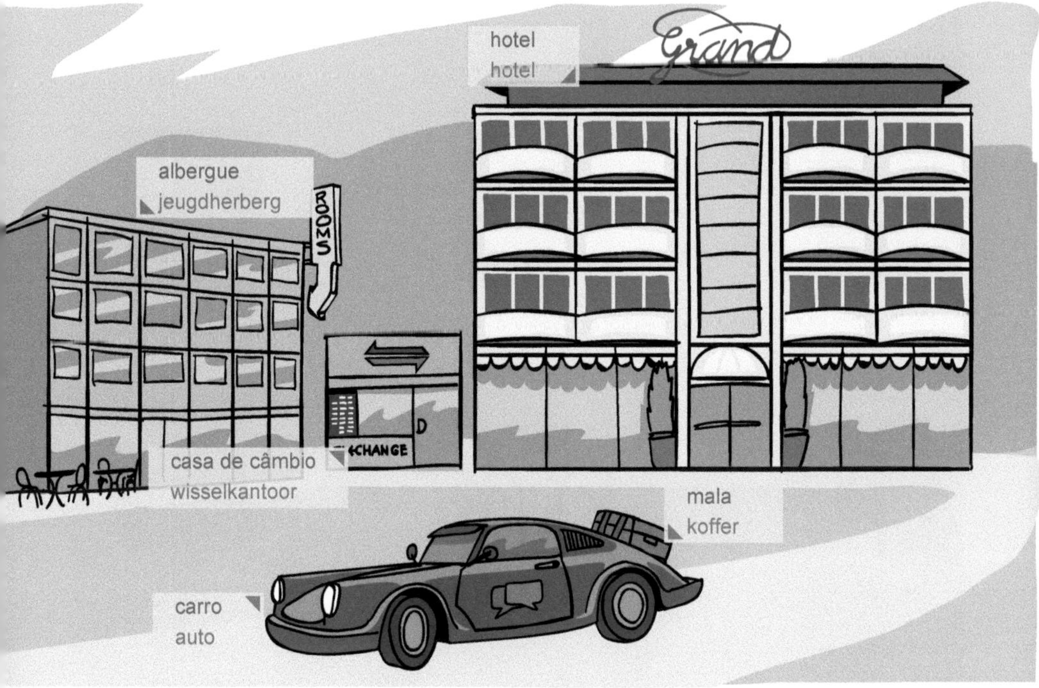

hotel
hotel
Grand
albergue
jeugdherberg
ROOMS
casa de câmbio
wisselkantoor
CHANGE
mala
koffer
carro
auto

idioma
Taal

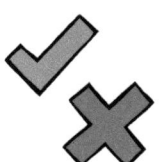

sim / não
ja / nee

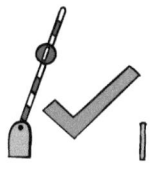

ok
oké

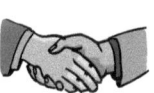

Olá
hallo

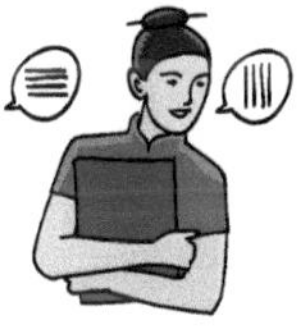

tradutor
vertaler

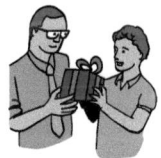

obrigado
bedankt

quanto custa...?

Hoeveel kost ...?

eu não entendo

Ik begrijp het niet

problema

probleem

boa noite!

Goedenavond!

Bom dia!

Goedemorgen!

Boa noite!

Goedenavond!

até logo

Tot ziens

direção

richting

bagagem

bagage

bolsa

zak

mochila

rugzak

convidado

gast

quarto

kamer

saco de dormir

slaapzak

barraca

tent

informação turística

toeristeninformatie

praia

strand

cartão de crédito

kredietkaart

café da manhã

ontbijt

almoço

lunch

jantar

avondeten

bilhete

ticket

elevador

lift

selo

postzegel

fronteira

grens

alfândega

douane

embaixada

ambassade

visto

visum

passaporte

paspoort

transporte
transport

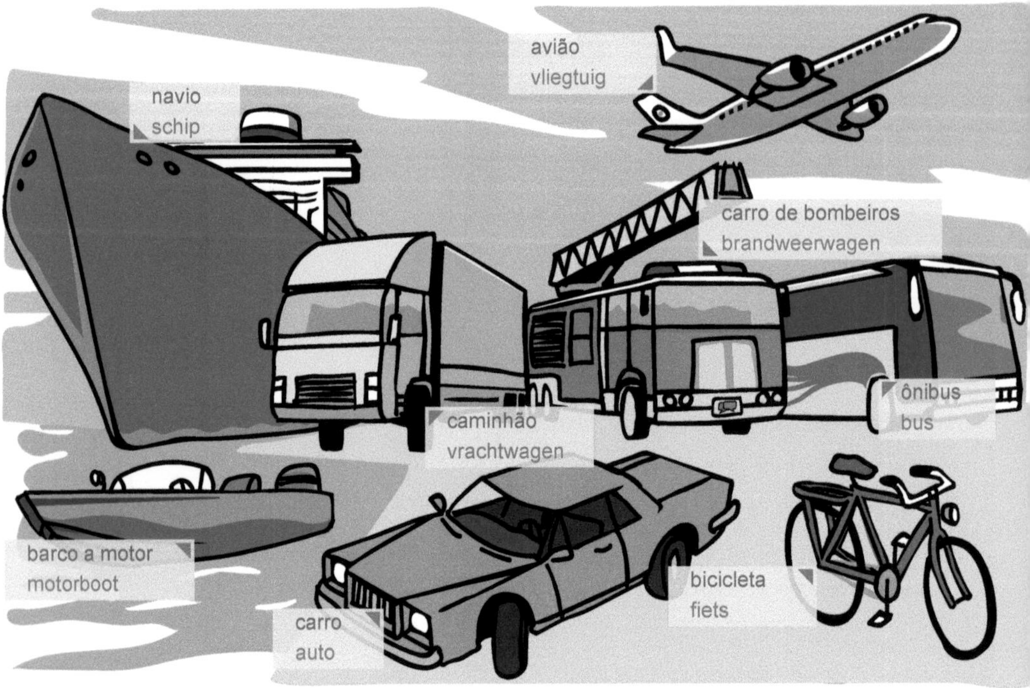
avião
vliegtuig
navio
schip
carro de bombeiros
brandweerwagen
ônibus
bus
caminhão
vrachtwagen
barco a motor
motorboot
bicicleta
fiets
carro
auto

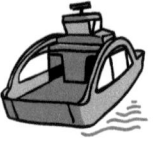

balsa

veerboot

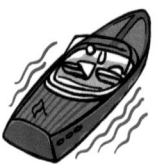

barco

boot

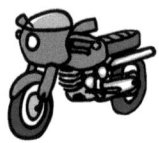

motocicleta

motor

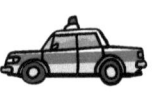

veículo policial

politiewagen

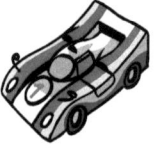

carro de corrida

racewagen

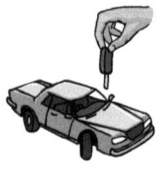

carro de aluguel

huurauto

compartilhamento de
automóvel
carpoolen

caminhão de reboque

sleepwagen

caminhão de lixo

vuilniswagen

motor

motor

combustível

benzine

posto de gasolina

benzinestation

placa de trânsito

verkeersbord

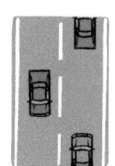

trânsito

verkeer

trânsito lento

file

estacionamento

parkeerplaats

estação de trem

station

trilhos

sporen

trem

trein

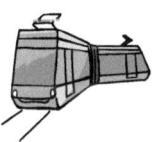

bonde

tram

vagão

wagon

helicóptero

helikopter

aeroporto

luchthaven

torre

toren

passageiro

passagier

contêiner

container

cartolina

karton

carroça

kar

cesto

mand

decolar / pousar

opstijgen / landen

cidade

stad

vilarejo

dorp

centro da cidade

stadscentrum

casa

huis

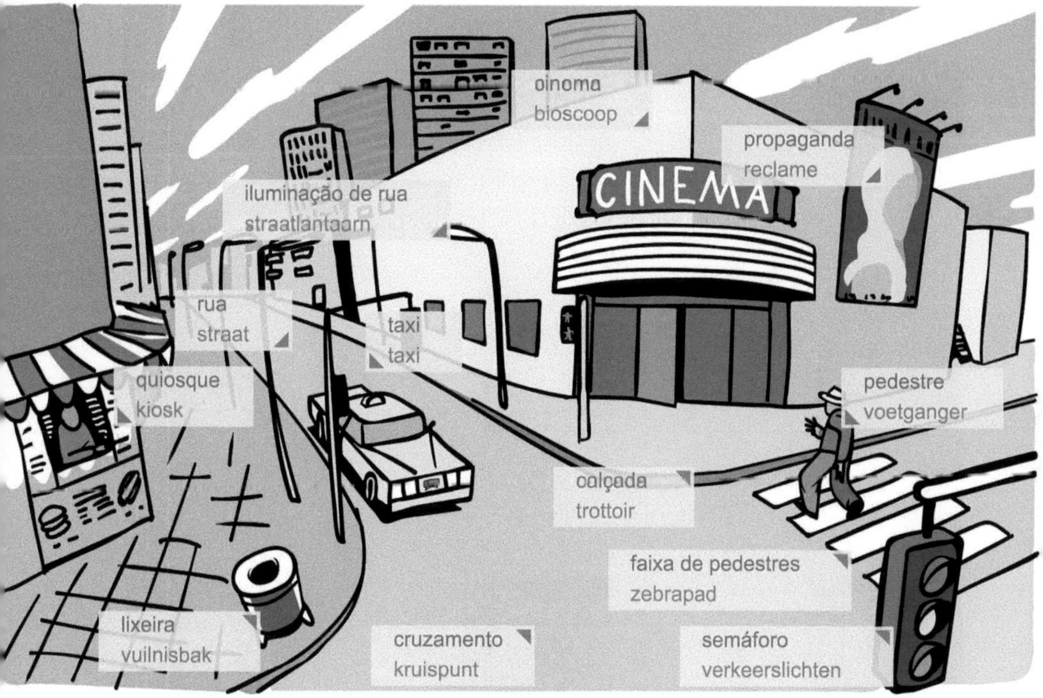

cinema
bioscoop

propaganda
reclame

iluminação de rua
straatlantaarn

CINEMA

rua
straat

taxi
taxi

quiosque
kiosk

pedestre
voetganger

calçada
trottoir

faixa de pedestres
zebrapad

lixeira
vuilnisbak

cruzamento
kruispunt

semáforo
verkeerslichten

cabana

hut

apartamento

woning

estação de trem

station

prefeitura

stadshuis

museu

museum

escola

school

universidade

universiteit

banco

bank

hospital

ziekenhuis

hotel

hotel

farmácia

apotheek

escritório

kantoor

livraria

boekwinkel

loja

winkel

floricultura

bloemenwinkel

supermercado

supermarkt

mercado

markt

loja de departamentos

warenhuis

peixaria

vishandelaar

centro comercial

winkelcentrum

porto

haven

parque

park

banco

bank

ponte

brug

escadas

trap

metrô

metro

túnel

tunnel

ponto de ônibus

bushalte

bar

bar

restaurante

restaurant

caixa de correspondência

brievenbus

placa de rua

straatnaambord

parquímetro

parkeermeter

zoológico

zoo

piscina

zwembad

mesquita

moskee

fazenda
boerderij

poluição
milieuverontreiniging

cemitério
kerkhof

igreja
kerk

parquinho
speelplaats

templo
tempel

paisagem
landschap

folha
blad

placa de sinalização
wegwijzer

caminho
weg

gramado
weide

pedra
steen

árvore
boom

caminhantes
wandelaar

rio
rivier

grama
gras

flor
bloem

vale

vallei

montanha

heuvel

lago

meer

floresta

bos

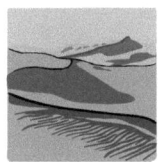

deserto

woestijn

vulcão

vulkaan

castelo

kasteel

arco-íris

regenboog

cogumelo

paddenstoel

palmeira

palmboom

mosquito

mug

mosca

vlieg

formiga

mier

abelha

bijl

aranha

spin

besouro

kever

sapo

kikker

esquilo

eekhoorn

ouriço

egel

lebre

haas

coruja

uil

pássaro

vogel

cisne

zwaan

javali

wild zwijn

veado

hert

alce

eland

barragem

dam

aerogerador

windturbine

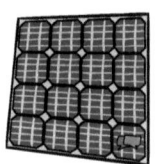

painel solar

zonnepaneel

clima

klimaat

restaurante
restaurant

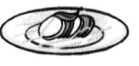

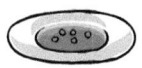

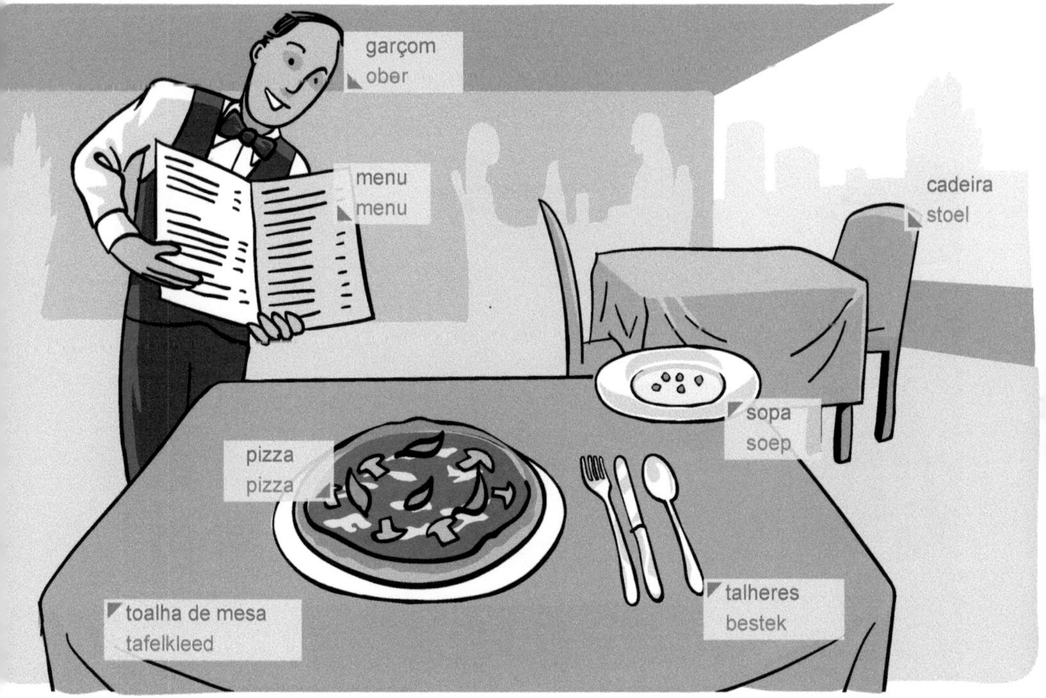
garçom
ober
menu
menu
cadeira
stoel
sopa
soep
pizza
pizza
talheres
bestek
toalha de mesa
tafelkleed

entrada

voorgerecht

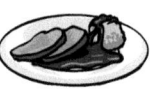

prato principal

hoofdgerecht

sobremesa

nagerecht

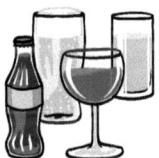

bebidas

drankjes

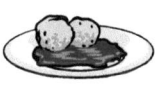

comida

eten

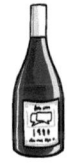

garrafa

fles

fastfood

fastfood

comida de rua

street food

bule de chá

theepot

açucareiro

suikerpot

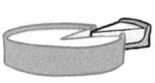

porção

portie

máquina de expresso

espressomachine

cadeirão

kinderstoel

conta

rekening

bandeja

dienblad

faca

mes

garfo

vork

colher

lepel

colher de chá

theelepel

guardanapo

serviette

copo

glas

prato	prato de sopa	pires
bord	soepbord	schoteltje
	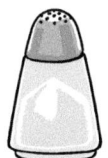	
molho	saleiro	moedor de pimenta
saus	zoutvatje	pepermolen
		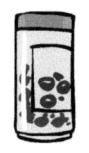
vinagre	óleo	especiarias
azijn	olie	kruiden

ketchup	mostarda	maionese
ketchup	mosterd	mayonaise

supermercado

supermarkt

oferta especial
aanbieding
FOR
cliente
klant
laticínios
zuivelproducten
frutas
fruit
carrinho de compras
winkelwagen

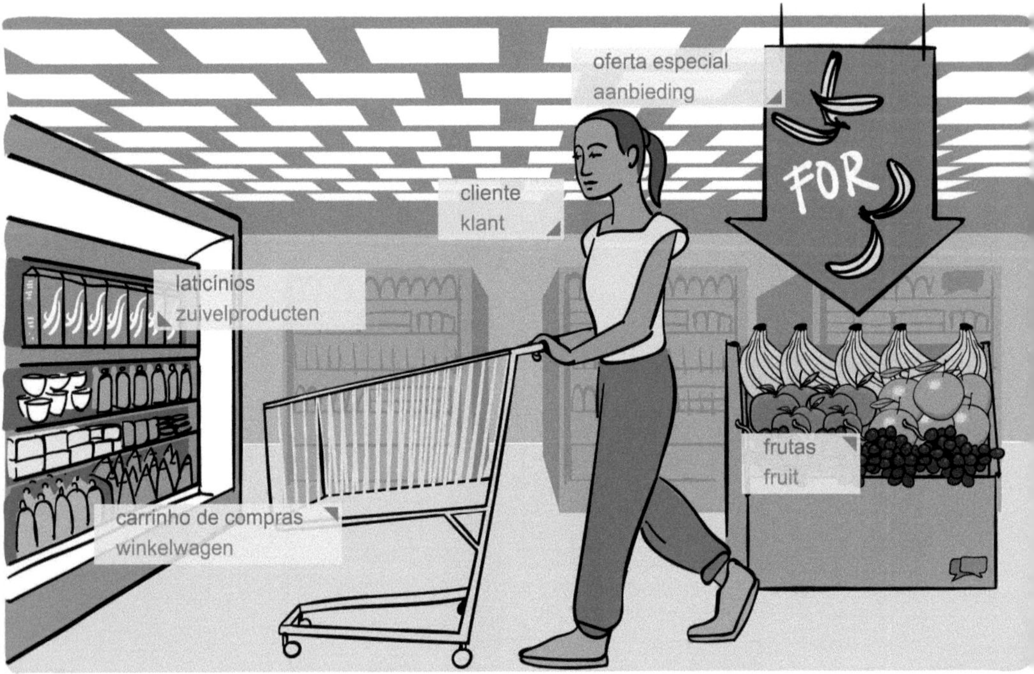

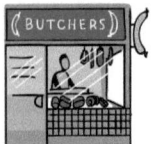

BUTCHERS

açougue

slagerij

BAKERY

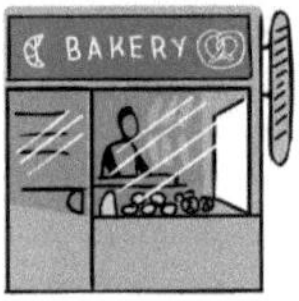

padaria

bakkerij

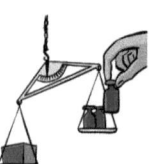

pesar

wegen

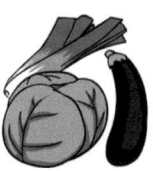

legumes

groenten

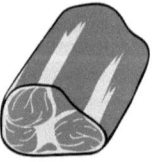

carne

vlees

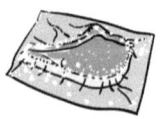

congelados

diepvriesvoedsel

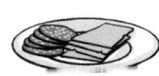

charcutaria

charcuterie

conservas

conserven

detergente em pó

waspoeder

doces

snoep

artigos domésticos

huishoudproducten

produtos de limpeza

schoonmaakproducten

vendedora

verkoopster

caixa

kassa

caixa

kassier

lista de compras

boodschappenlijstje

horário de funcionamento

openingstijden

carteira

portefeuille

cartão de crédito

kredietkaart

sacola

tas

saco plástico

plastieken zakje

bebidas
drankjes

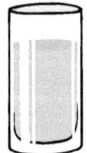

água

water

suco

sap

leite

melk

coca-cola

cola

vinho

wijn

cerveja

bier

álcool

alcohol

cacau

cacao

chá

thee

café

koffie

expresso

espresso

cappuccino

cappuccino

banana

banaan

maçã

appel

laranja

sinaasappel

melão

meloen

limão

citroen

cenoura

wortel

alho

knoflook

bambu

bamboe

cebola

ajuin

cogumelo

champignon

nozes

noten

macarrão

noodles

espaguete

spaghetti

arroz

rijst

salada

salade

batatas fritas

frieten

batatas frias

gebakken aardappelen

pizza

pizza

hambúrger

hamburger

sanduíche

sandwich

escalope

kalfslapje

presunto

ham

salame

salami

salsicha

worst

galinha

kip

assado

braden

peixe

vis

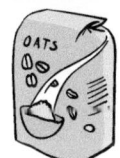

flocos de aveia

havervlokken

granola

muesli

flocos de milho

cornflakes

farinha

bloem

croissant

croissant

pãozinho

pistolet

pão

brood

torrada

toast

biscoitos

koekjes

manteiga

boter

requeijão

kwark

bolo

taart

ovo

ei

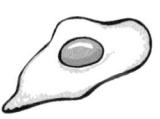

ovo frito

spiegelei

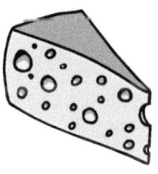

queijo

kaas

sorvete

ijs

açúcar

suiker

mel

honing

geleia

confituur

creme de avelãs

choco

curry

curry

fazenda
boerderij

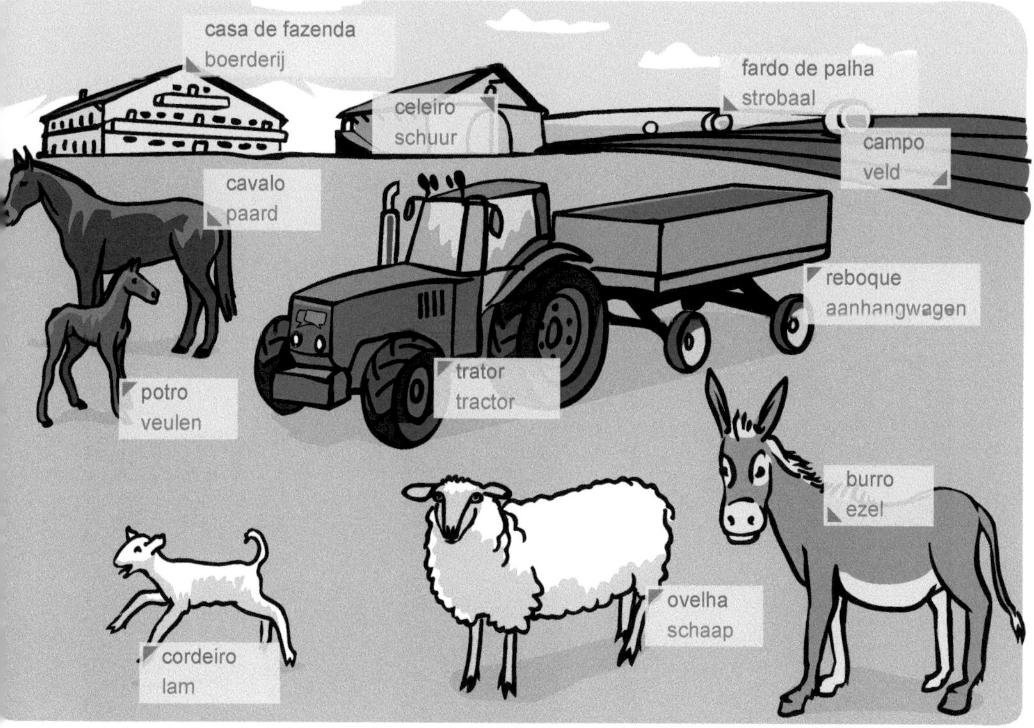
casa de fazenda
boerderij
celeiro
schuur
fardo de palha
strobaal
campo
veld
cavalo
paard
reboque
aanhangwagen
trator
tractor
potro
veulen
burro
ezel
ovelha
schaap
cordeiro
lam

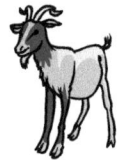

cabra

geit

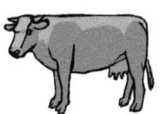

vaca

koe

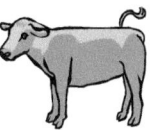

bezerro

kalf

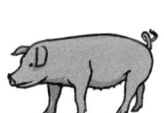

porco

varken

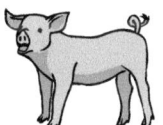

leitão

biggetje

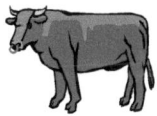

touro

stier

ganso
gans

pato
eend

pintinho
kuiken

galinha
kip

galo
haan

ratazana
rat

gato
kat

camundongo
muis

boi
os

cachorro
hond

casinha do cachorro
hondenhok

mangueira de jardim
tuinslang

regador
gieter

foice
zeis

arado
ploeg

foice

sikkel

enxada

schoffel

forquilha

hooivork

machado

bijl

carrinho de mão

kruiwagen

manjedoura

trog

jarra de leite

melkkan

saco

zak

cerca

hek

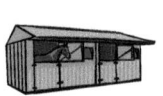

estábulo

stal

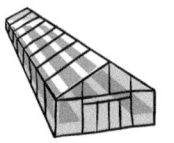

estufa

broeikas

solo

bodem

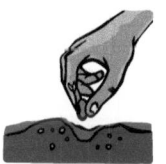

semente

zaad

fertilizante

mest

colheitadeira

maaidorser

colher

oogsten

colheita

oogst

inhame

yam

trigo

tarwe

soja

soja

batata

aardappel

milho

maïs

colza

koolzaad

árvore frutífera

fruitboom

mandioca

maniok

cereais

graan

casa
huis

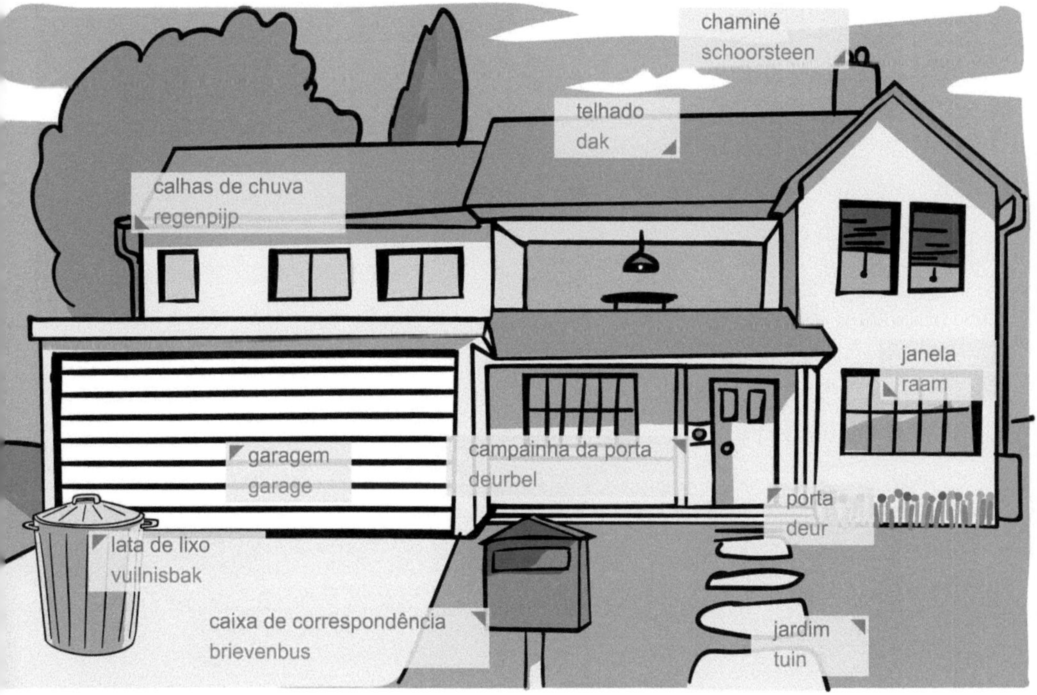

chaminé
schoorsteen
telhado
dak
calhas de chuva
regenpijp
janela
raam
garagem
garage
campainha da porta
deurbel
porta
deur
lata de lixo
vuilnisbak
caixa de correspondência
brievenbus
jardim
tuin

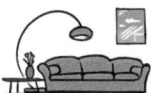

sala de estar

woonkamer

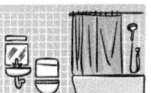

banheiro

badkamer

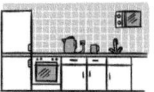

cozinha

keuken

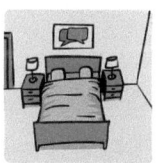

quarto de dormir

slaapkamer

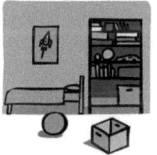

quarto de criança

kinderkamer

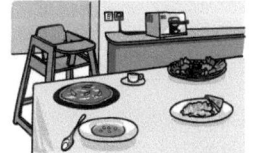

sala de jantar

eetkamer

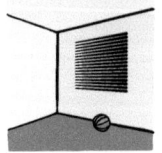

chão
vloer

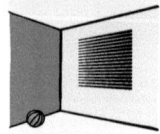

parede
muur

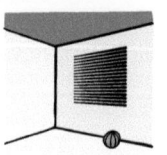

teto
plafond

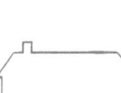

porão
kelder

sauna
sauna

varanda
balkon

terraço
terras

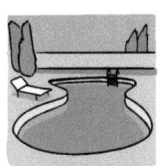

piscina
zwembad

cortador de grama
grasmaaier

lençol
dekbedovertrek

coberta
dekbed

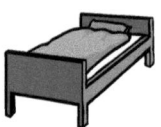

cama
bed

vassoura
bezem

balde
emmer

interruptor
schakelaar

sala de estar
woonkamer

papel de parede
behangpapier
quadro
foto
lâmpada
lamp
prateleira
schap
armário
kast
televisão
televisie
lareira
open haard
flor
bloem
travesseiro
kussen
sofá
sofa
vaso
vaas
controle remoto
afstandsbediening

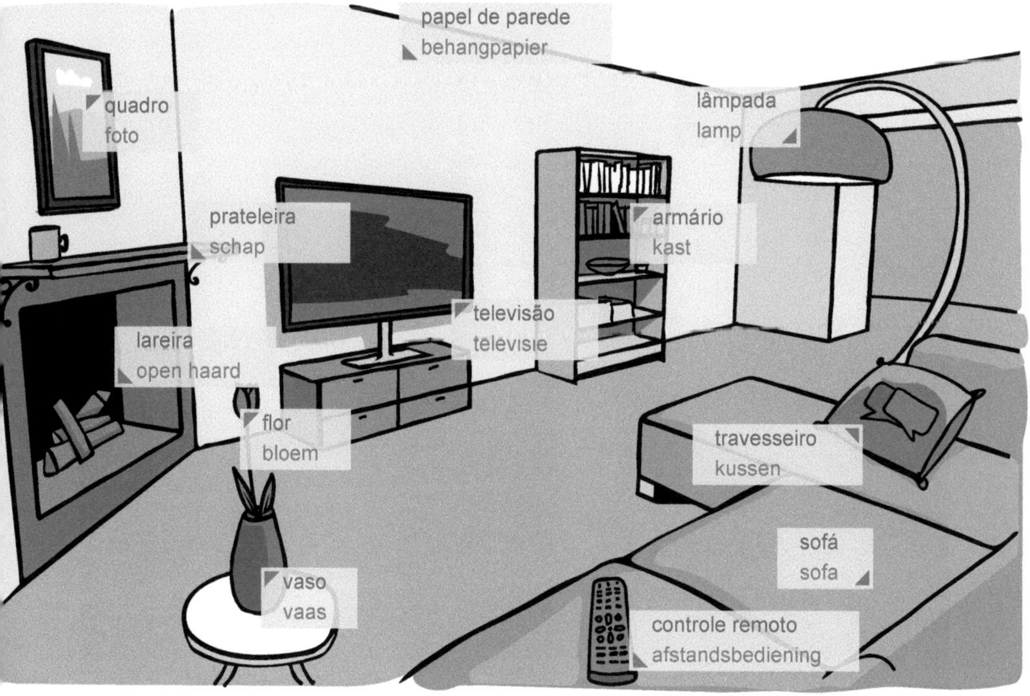

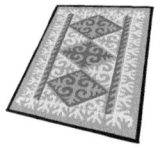

tapete
mat

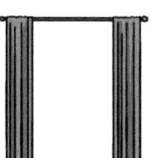

cortina
gordijn

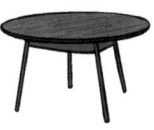

mesa
tafel

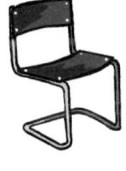

cadeira
stoel

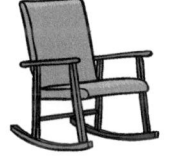

cadeira de balanço
schommelstoel

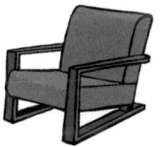

poltrona
fauteuil

livro

boek

cobertor

deken

decoração

decoratie

lenha

brandhout

filme

film

equipamento de som

stereo-installatie

chave

sleutel

jornal

krant

pintura

schilderij

pôster

poster

rádio

radio

bloco de notas

notitieboekje

aspirador

stofzuiger

cacto

cactus

vela

kaars

sala de estar - woonkamer

cozinha
keuken

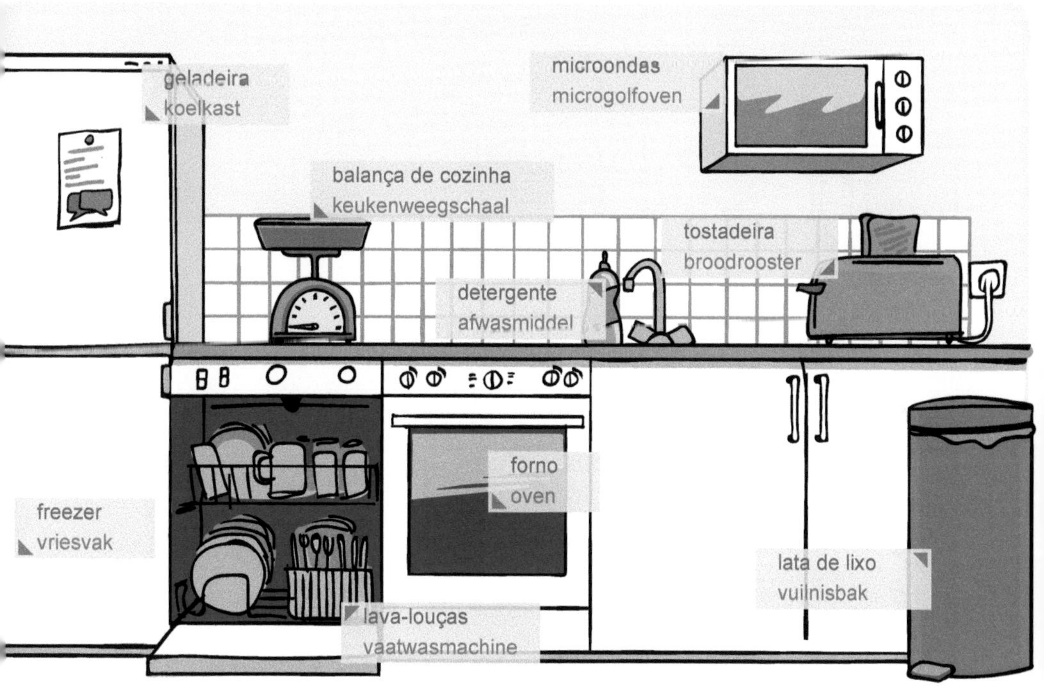
geladeira
koelkast
microondas
microgolfoven
balança de cozinha
keukenweegschaal
tostadeira
broodrooster
detergente
afwasmiddel
forno
oven
freezer
vriesvak
lata de lixo
vuilnisbak
lava-louças
vaatwasmachine

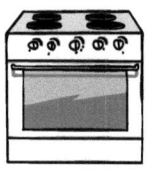

fogão

fornuis

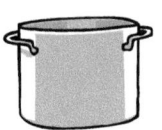

panela

pot

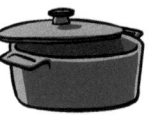

panela de ferro

gietijzeren pot

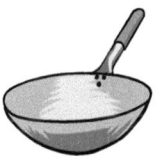

wok / kadai

wok / kadai

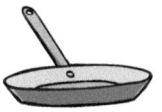

frigideira

pan

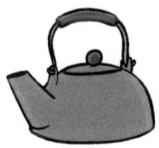

chaleira

waterkoker

panela a vapor

stoomkoker

tabuleiro de forno

bakplaat

louça

servies

caneca

mok

caçarola

kom

hashi

eetstokjes

concha de sopa

pollepel

espátula

spatel

batedor

garde

escorredor

vergiet

peneira

zeef

ralador

rasp

almofariz

mortier

churrasqueira

barbecue

lareira

haardvuur

tábua de cortar

snijplank

rolo da massa

deegrol

saca-rolhas

kurkentrekker

lata

blik

abridor de latas

blikopener

pegador de panela

pannenlap

pia

gootsteen

escova

borstel

esponja

spons

liquidificador

blender

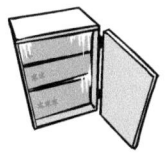

congelador

vriezer

mamadeira

papfles

torneira

kraan

banheiro

badkamer

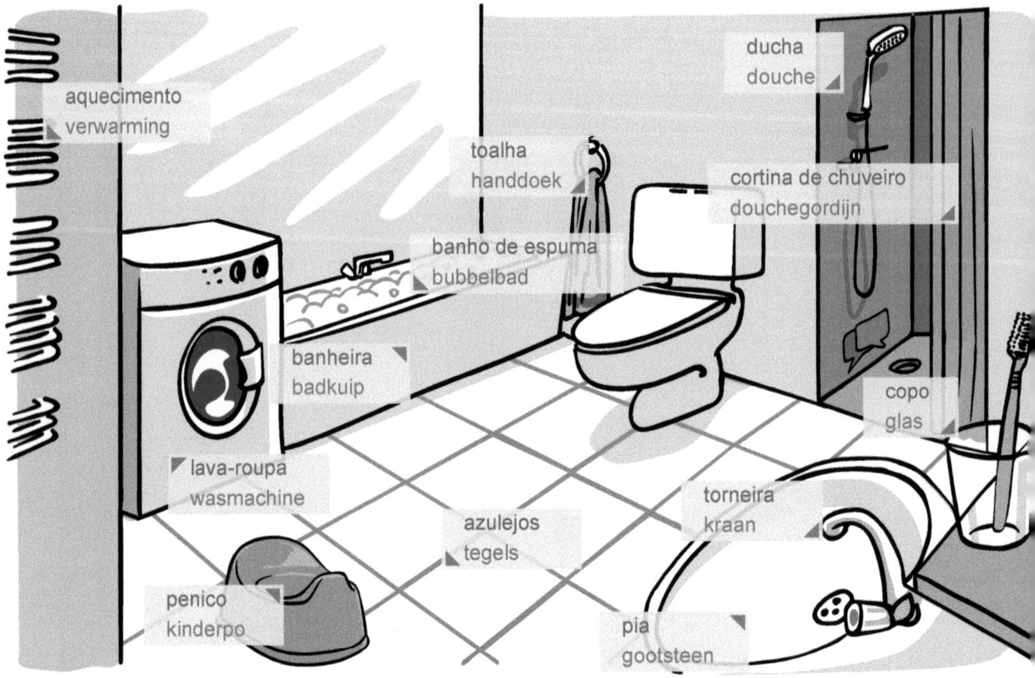

aquecimento
verwarming
ducha
douche
toalha
handdoek
cortina de chuveiro
douchegordijn
banho de espuma
bubbelbad
banheira
badkuip
copo
glas
lava-roupa
wasmachine
torneira
kraan
azulejos
tegels
penico
kinderpo
pia
gootsteen

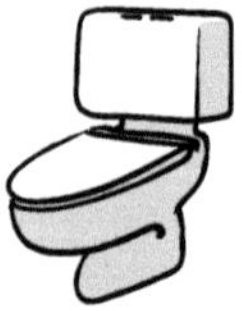

vaso sanitário

toilet

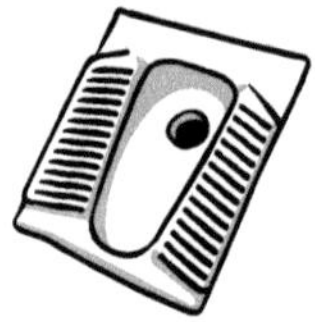

lavabo de agachar

hurktoilet

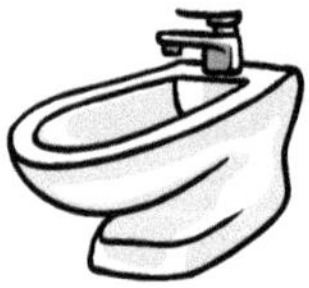

bidê

bidet

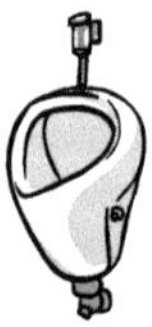

mictório

urinoir

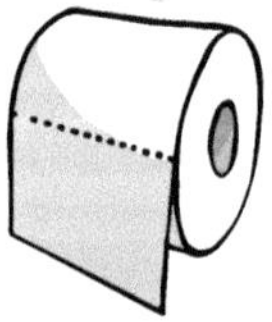

papel higiênico

toiletpapier

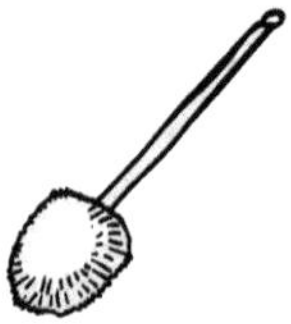

escova de privada

toiletborstel

escova de dentes

tandenborstel

pasta de dentes

tandpasta

fio dental

flosdraad

lavar

wassen

ducha de mão

handdouche

ducha íntima

bidethanddouche

bacia

waskom

escova para as costas

rugborstel

sabonete

zeep

gel de banho

douchegel

xampu

shampoo

toalha de rosto

washandje

escoamento

afvoer

creme

crème

desodorante

deodorant

espelho

spiegel

espelho de mão

handspiegel

barbeador

scheermes

espuma de barbear

scheerschuim

loção pós-barba

aftershave

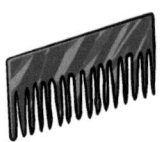

pente

kam

escova

borstel

secador de cabelo

haardroger

spray de cabelo

haarlak

maquiagem

make-up

batom

lippenstift

esmalte de unhas

nagellak

algodão

watten

tesoura para unhas

nagelknipper

perfume

parfum

nécessaire

toilettas

banquinho

kruk

balança

weegschaal

roupão de banho

badjas

luvas de borracha

latex handschoenen

absorvente interno

tampon

absorvente íntimo

maandverband

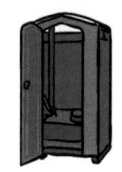

banheiro químico

chemisch toilet

quarto de criança
kinderkamer

despertador
wekker
boneco de pelúcia
knuffel
carrinho de brinquedo
speelgoedauto
chacoalho
rammelaar
casa de bonecas
poppenhuis
presente
geschenk

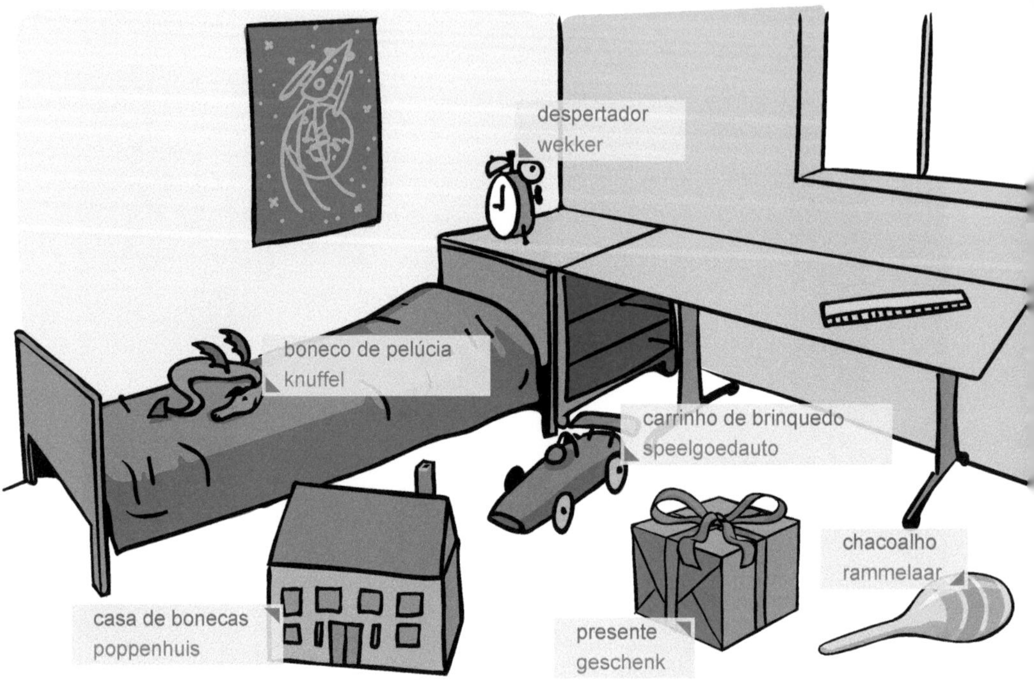

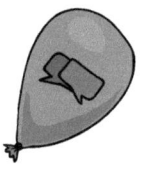

balão

ballon

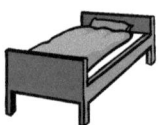

cama

bed

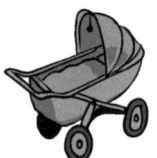

carrinho de bebê

kinderwagen

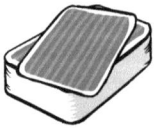

jogo de cartas

spel kaarten

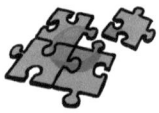

quebra-cabeças

puzzel

revista de quadrinhos

stripboek

peças de Lego

legoblokjes

blocos de construção

blokken

figura de ação

actiefiguur

macaquinho de bebê

kruippakje

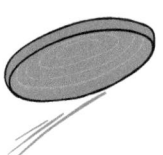

frisbee

frisbee

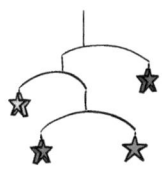

móbile para bebê

mobiel

jogo de tabuleiro

bordspel

dados

dobbelsteen

trenzinho elétrico

modelspoorweg

chupeta

fopspeen

festa

feest

livro ilustrado

prentenboek

bola

bal

boneca

pop

brincar

spelen

caixa de areia

zandbak

balanço

schommel

brinquedos

speelgoed

videogame

spelconsole

triciclo

driewieler

ursinho de pelúcia

knuffelbeer

guarda-roupa

kleerkast

vestuário
kleding

meias

sokken

meias pelo joelho

kousen

meias-calças

maillot

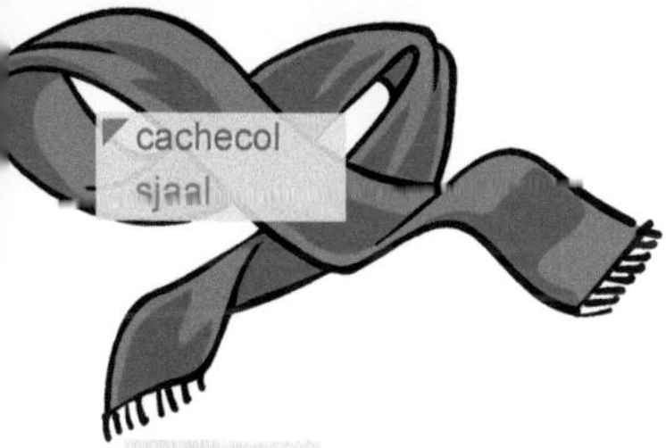

cachecol
sjaal

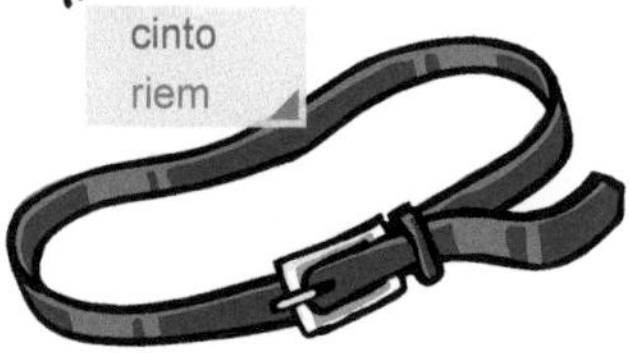

cinto
riem

guarda-chuva
paraplu

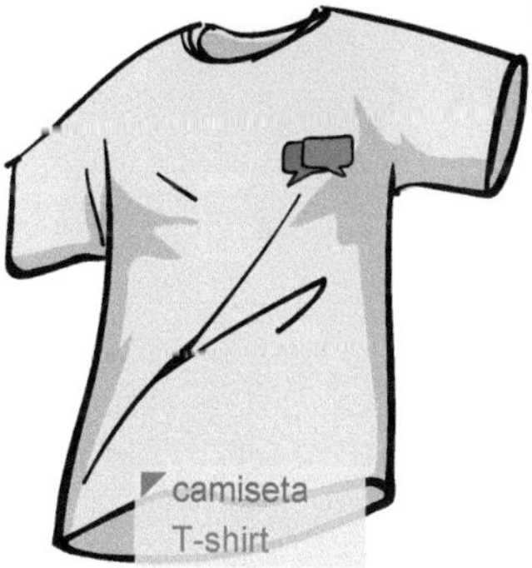

camiseta
T-shirt

chinelos
slippers

tênis
sneakers

botas
laarzen

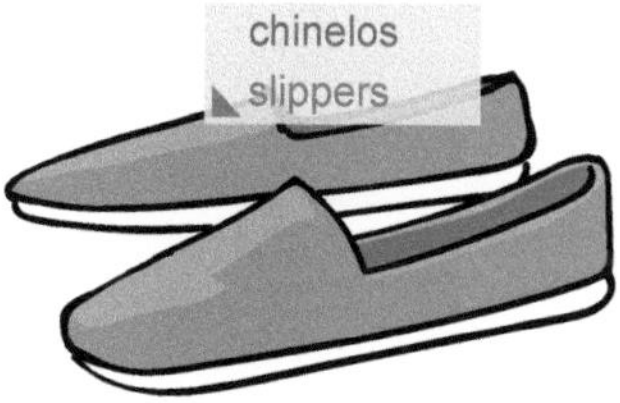

sandálias
....
sandalen

sapatos
....
schoenen

botas de borracha
....
rubberlaarzen

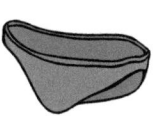

roupa de baixo
....
onderbroek

sutiã
....
beha

camiseta de baixo
....
onderhemd

body
lichaam

calças
broek

jeans
jeans

saia
rok

blusa
blouse

camisa
hemd

pulôver
trui

suéter com capuz
capuchontrui

blazer
blazer

jaqueta
jas

casaco
jas

gabardine
regenjas

traje
kostuum

vestido
jurk

vestido de casamento
trouwjurk

terno
pak

camisola
nachthemd

pijama
pyjama

sari
sari

lenço de cabeça
hoofddoek

turbante
tulband

burca
boerka

cafetã
kaftan

abaya
abaya

maiô
badpak

sunga
zwembroek

shorts
short

roupa de treino
trainingspak

avental
schort

luvas
handschoenen

botão

knoop

óculos

bril

pulseira

armband

colar

ketting

anel

ring

brinco

oorbel

boné

pet

cabide

kapstok

chapéu

hoed

gravata

das

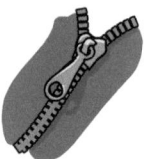

zíper

rits

capacete

helm

suspensórios

bretellen

uniforme escolar

schooluniform

uniforme

uniform

babador
slabbetje

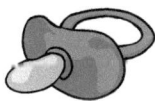

chupeta
fopspeen

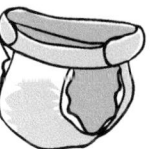

fralda
luier

escritório
kantoor

servidor
server

armário de arquivos
dossierkast

impressora
printer

papel
papier

monitor
monitor

escrivaninha
bureau

mouse
muis

pasta
map

teclado
toestenbord

cesto de lixo
papiermand

cadeira
stoel

computador
computer

xícara de café
koffiemok

calculadora
rekenmachine

internet
internet

laptop
laptop

carta
brief

mensagem
bericht

celular
gsm

rede
netwerk

copiadora
kopieerapparaat

software
software

telefone
telefoon

tomada
stopcontact

fax
fax

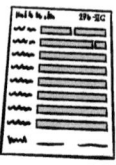

formulário
formulier

documento
document

comprar
kopen

pagar
betalen

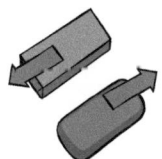

negociar
handelen

dinheiro
geld

Dólar
dollar

Euro
euro

Yen
yen

rublo
roebel

franco suíço
Zwitserse frank

renminbi yuan
Chinese renminbi

rupia
roepie

caixa eletrônico
geldautomaat

casa de câmbio

wisselkantoor

ouro

goud

prata

zilver

petróleo

olie

energia

energie

preço

prijs

contrato

contract

imposto

belasting

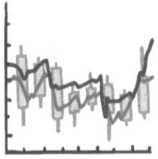

ação

aandeel

trabalhar

werken

empregado

werknemer

empregador

werkgever

fábrica

fabriek

loja

winkel

profissões
beroepen

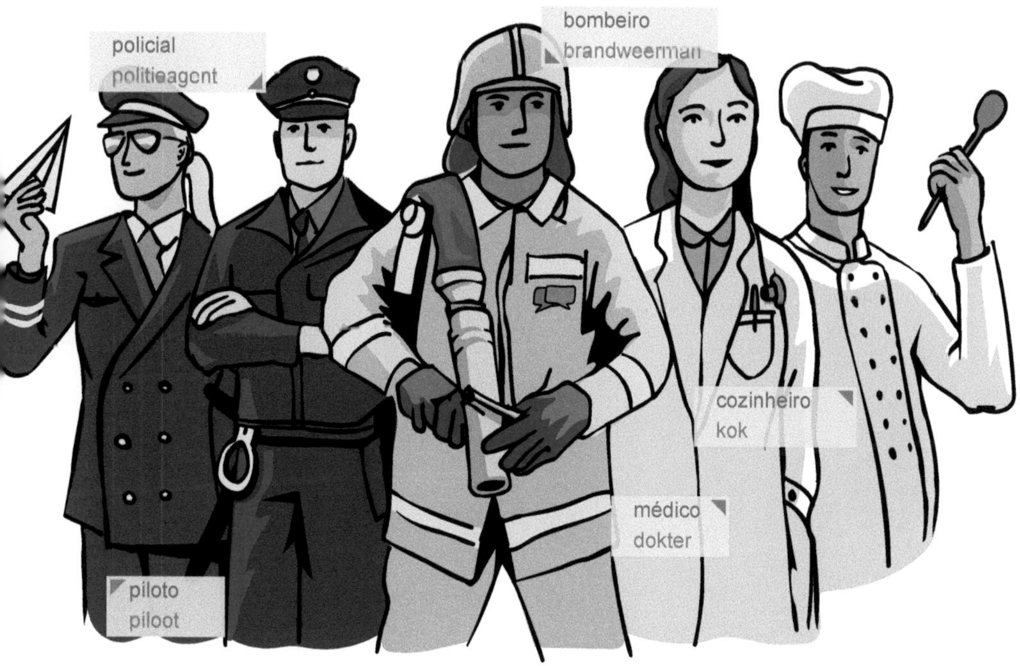
policial
politieagent
bombeiro
brandweerman
cozinheiro
kok
médico
dokter
piloto
piloot

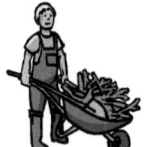

jardineiro

tuinman

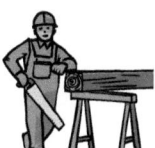

marceneiro

timmerman

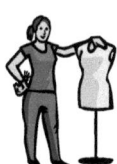

costureira

naaister

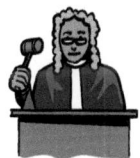

juiz

rechter

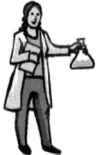

químico

chemicus

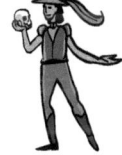

ator

acteur

motorista de ônibus

buschauffeur

motorista de táxi

taxichauffeur

pescador

visser

faxineira

schoonmaakster

telhador

dakdekker

garçom

ober

caçador

jager

pintor

schilder

padeiro

bakker

eletricista

elektricien

construtor

bouwvakker

engenheiro

ingenieur

açougueiro

slager

encanador

loodgieter

carteiro

postbode

soldado

soldaat

arquiteto

architect

caixa

kassier

florista

bloemist

cabelereiro

kapper

condutor

conducteur

mecânico

mecanicien

capitão

kapitein

dentista

tandarts

cientista

wetenschapper

rabino

rabbijn

imam

imam

monge

monnik

pastor

geestelijke

ferramentas
werktuigen

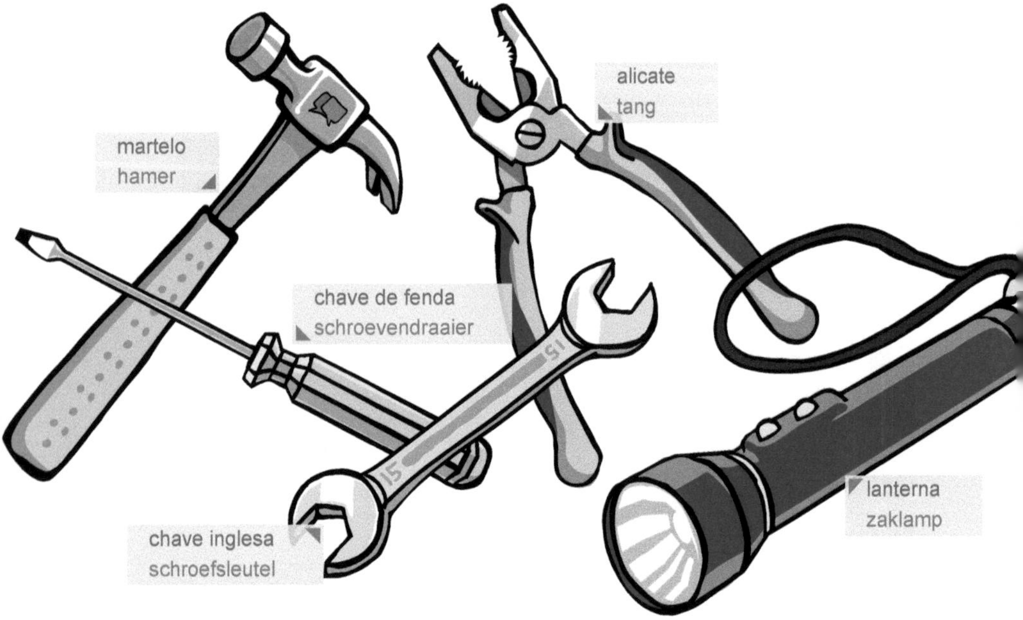
alicate
tang
martelo
hamer
chave de fenda
schroevendraaier
lanterna
zaklamp
chave inglesa
schroefsleutel

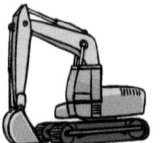

escavadora

graafmachine

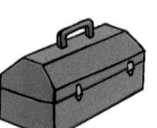

caixa de ferramentas

gereedschapskoffer

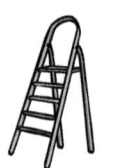

escada de mão

ladder

serra

zaag

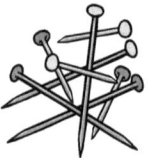

pregos

spijkers

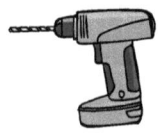

furadeira

boormachine

consertar

repareren

pá

schop

Droga!

Verdomme!

pá de lixo

blik

pote de tinta

verfpot

parafusos

schroeven

instrumentos musicais
muziekinstrumenten

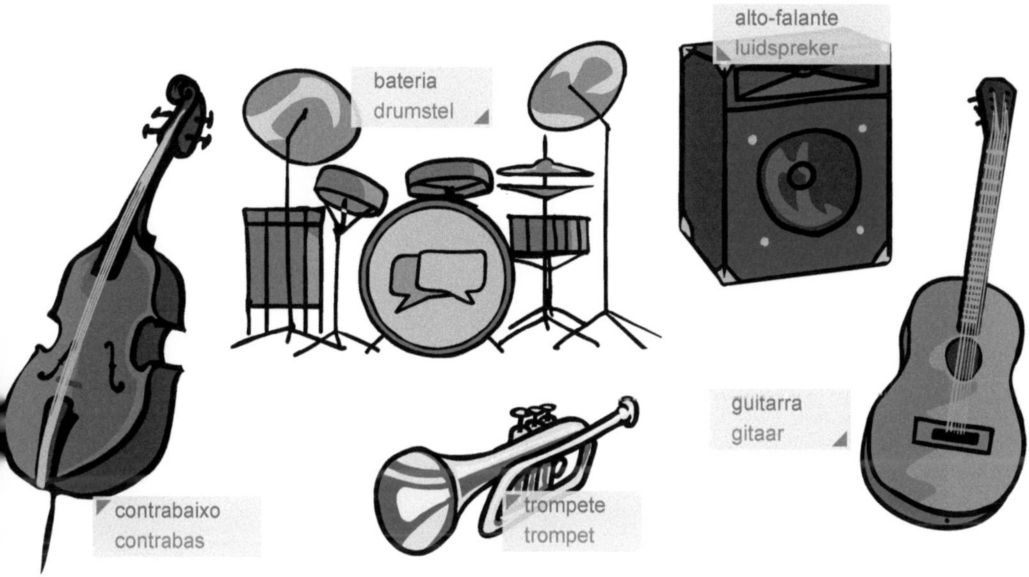

bateria
drumstel

alto-falante
luidspreker

guitarra
gitaar

contrabaixo
contrabas

trompete
trompet

piano
piano

violino
viool

baixo
basgitaar

timbales
pauk

tambor
trommels

teclado
keyboard

saxofone
saxofoon

flauta
fluit

microfone
microfoon

zoológico

zoo

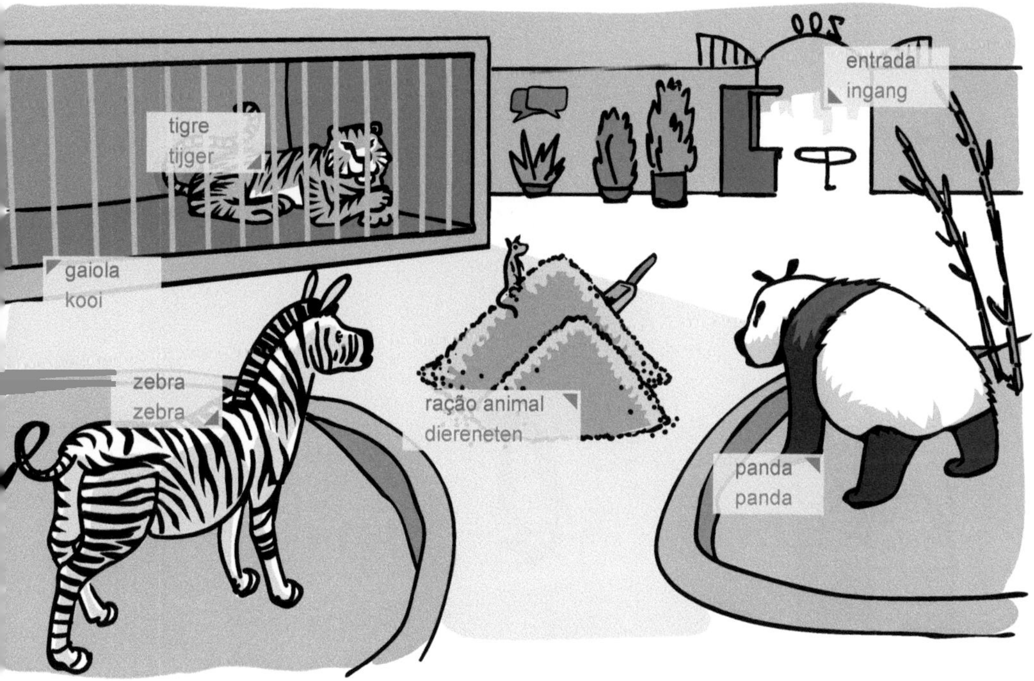

tigre
tijger
entrada
ingang
gaiola
kooi
zebra
zebra
ração animal
diereneten
panda
panda

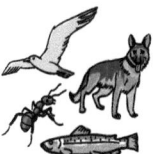

animais

dieren

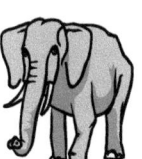

elefante

olifant

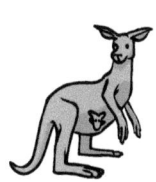

canguru

kangoeroe

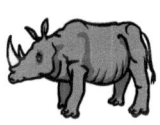

rinoceronte

neushoorn

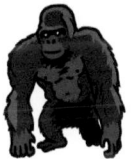

gorila

gorilla

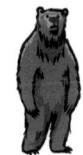

urso

beer

camelo

kameel

avestruz

struisvogel

leão

leeuw

macaco

aap

flamingo

flamingo

papagaio

papegaai

urso polar

ijsbeer

pinguim

pinguïn

tubarão

haai

pavão

pauw

cobra

slang

crocodilo

krokodil

guarda do zoológico

dierenverzorger

foca

zeehond

jaguar

jaguar

pônei
pony

leopardo
luipaard

hipopótamo
nijlpaard

girafa
giraffe

águia
adelaar

javali
wild zwijn

peixe
vis

tartaruga
zeeschildpad

morsa
walrus

raposa
vos

gazela
gazelle

futebol americano
rugby

ciclismo
wielrennen

tênis
tennis

basquete
basketbal

natação
zwemmen

boxe
boksen

hóquei no gelo
ijshockey

futebol	badminton	atletismo
voetbal	badminton	atletiek
handebol	esqui	polo
handbal	skiën	polo

pular
springen

abraçar
knuffelen

rir
lachen

cantar
zingen

andar
wandelen

rezar
bidden

beijar
kussen

sonhar
dromen

escrever
schrijven

desenhar
tekenen

mostrar
tonen

empurrar
duwen

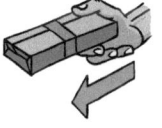

dar
geven

tomar
nemen

ter
....
hebben

fazer
....
doen

ser
....
zijn

ficar de pé
....
staan

correr
....
lopen

puxar
....
trekken

jogar
....
gooien

cair
....
vallen

deitar
....
liggen

esperar
....
wachten

carregar
....
dragen

sentar
....
zitten

vestir
....
aankleden

dormir
....
slapen

despertar
....
ontwaken

atividades - activiteiten

olhar para

kijken naar

chorar

wenen

acariciar

aaien

pentear

kammen

falar

praten

entender

begrijpen

perguntar

vragen

ouvir

luisteren

beber

drinken

comer

eten

arrumar

opruimen

amar

houden van

cozinhar

koken

dirigir

rijden

voar

vliegen

velejar

zeilen

calcular

rekenen

ler

Lezen

aprender

leren

trabalhar

werken

casar

trouwen

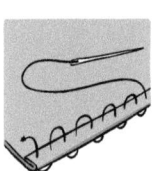

costurar

naaien

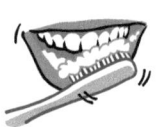

escovar os dentes

tandenpoetsen

matar

doden

fumar

roken

enviar

sturen

avó
grootmoeder

avô
grootvader

pai
vader

mãe
moeder

bebê
baby

filha
dochter

filho
zoon

convidado
gast

tia
tante

tio
oom

irmão
broer

irmã
zus

corpo
lichaam

testa
voorhoofd
olho
oog
ombro
schouder
dedo
vinger
rosto
gezicht
queixo
kin
mão
hand
perna
been
peito
borst
braço
arm

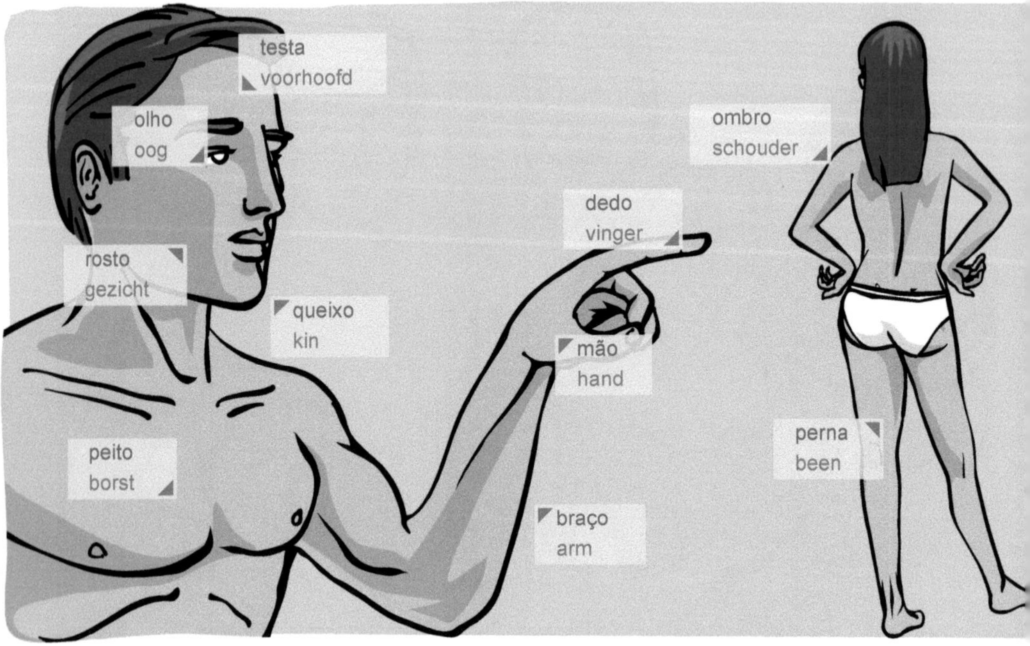

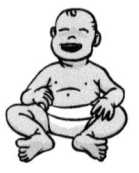

bebê

baby

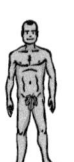

homem

man

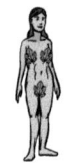

mulher

vrouw

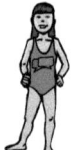

menina

meisje

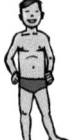

menino

jongen

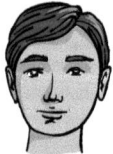

cabeça

hoofd

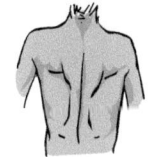

costas
rug

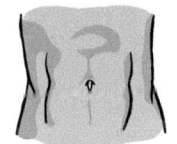

barriga
buik

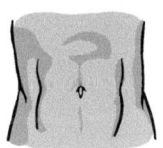

umbigo
navel

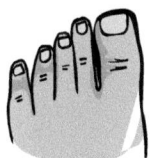

dedo do pé
teen

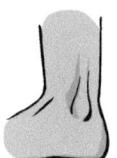

calcanhar
hiel

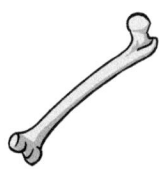

osso
bot

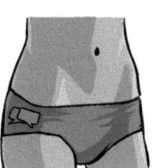

anca
heup

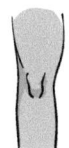

joelho
knie

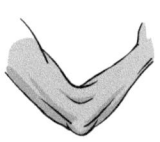

cotovelo
elleboog

nariz
neus

nádegas
zitvlak

pele
huid

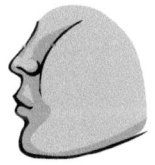

bochecha
wang

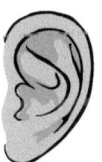

orelha
oor

lábio
lip

boca

mond

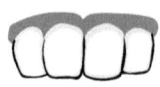

dente

tand

língua

tong

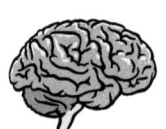

cérebro

hersenen

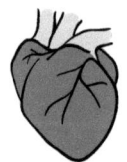

coração

hart

músculo

spier

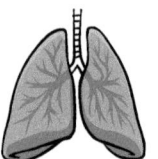

pulmão

long

fígado

lever

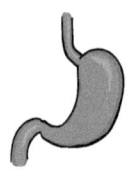

estômago

maag

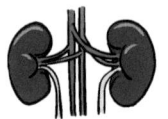

rins

nieren

relações sexuais

seks

preservativo

condoom

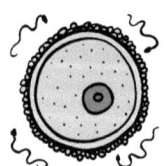

óvulo

eicel

esperma

sperma

gravidez

zwangerschap

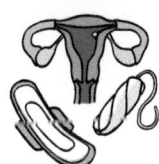

menstruação
menstruatie

vagina
vagina

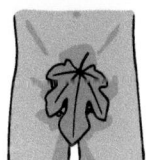

pênis
penis

sobrancelha
wenkbrauw

cabelo
haar

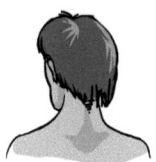

pescoço
nek

hospital
ziekenhuis

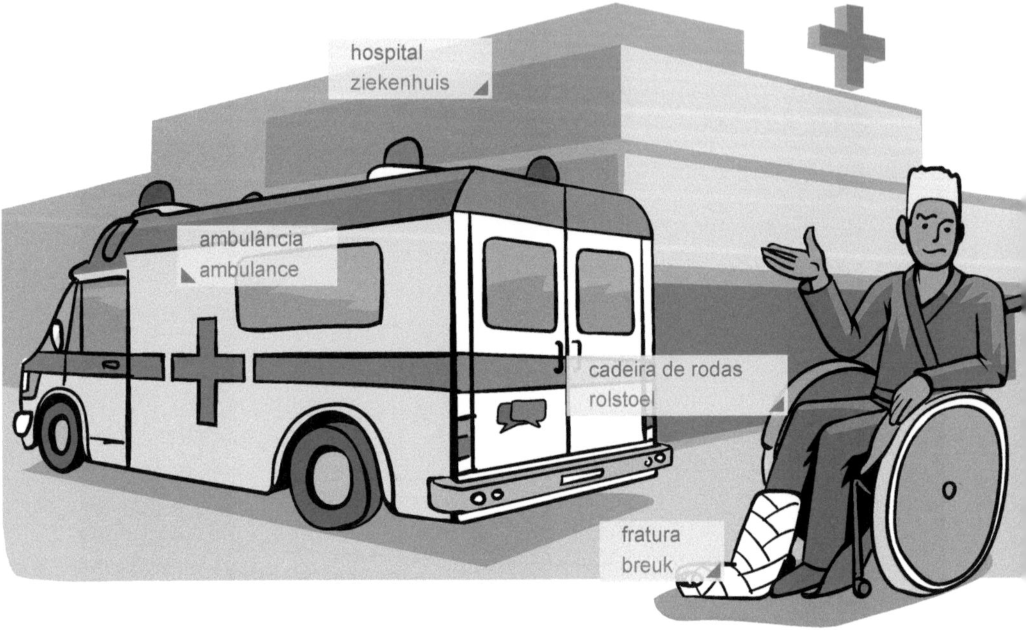

hospital
ziekenhuis
ambulância
ambulance
cadeira de rodas
rolstoel
fratura
breuk

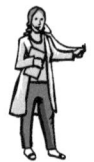

médico

dokter

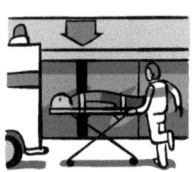

pronto-socorro

spoed

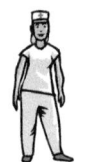

enfermeira

verpleegkundige

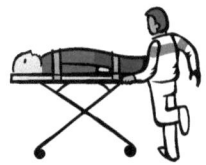

emergência

noodgeval

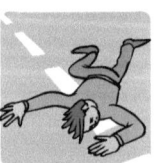

inconsciente

bewusteloos

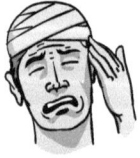

dor

pijn

ferimento

verwonding

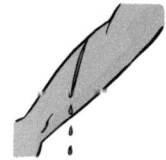

hemorragia

bloeding

ataque cardíaco

hartaanval

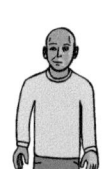

acidente vacular cerebral

beroerte

alergia

allergie

tosse

hoest

febre

koorts

gripe

griep

diarreia

diarree

dor de cabeça

hoofdpijn

câncer

kanker

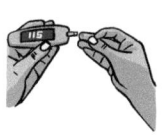

diabetes

diabetes

cirurgião

chirurg

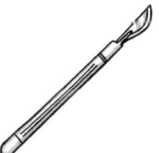

bisturi

scalpel

operação

operatie

CT
CT

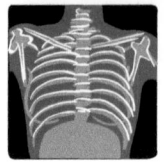

raio x
röntgenstraal

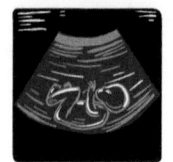

ultrassom
ultrageluid

máscara
gezichtsmasker

doença
ziekte

sala de espera
wachtkamer

muleta
kruk

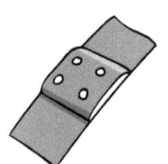

bandeide
pleister

ligadura
verband

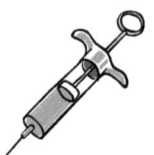

injeção
injectie

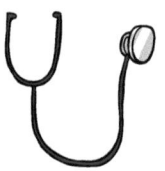

estetoscópio
stethoscoop

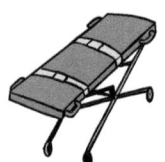

maca
brancard

termômetro
thermometer

nascimento
geboorte

excesso de peso
overgewicht

aparelho auditivo

hoorapparaat

desinfetante

ontsmettingsmiddel

infecção

infectie

vírus

virus

HIV / AIDS

HIV / AIDS

medicamento

medicijn

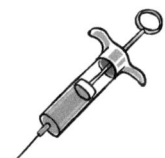

vacinação

vaccinatie

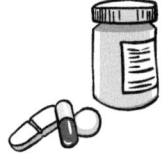

comprimidos

tabletten

pílula

pil

chamada de emergência

noodoproep

dispositivo de medição de
pressão arterial

bloeddrukmeter

doente / saudável

ziek / gezond

Socorro!
Help!

alarme
alarm

assalto
overval

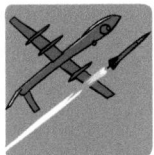

ataque
aanval

perigo
gevaar

saída de emergência
nooduitgang

Fogo!
Brand!

extintor de incêndios
brandblusser

acidente
ongeval

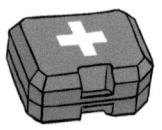

maleta de primeiros
socorros
EHBO-kit

SOS
SOS

polícia
politie

Europa

Europa

América do Norte

Noord-Amerika

América do Sul

Zuid-Amerika

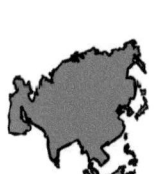

África

Afrika

Ásia

Azië

Austrália

Australië

Atlântico

Atlantische Oceaan

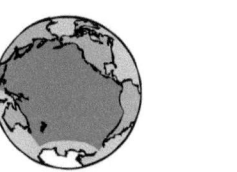

Pacífico

Stille Oceaan

Oceano Índico

Indische Oceaan

Oceano Antártico

Antarctische Oceaan

Oceano Ártico

Arctische Oceaan

Polo Norte

Noordpool

Polo Sul

Zuidpool

Antártica

Antarctica

Terra

aarde

terra

land

mar

zee

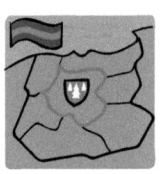

ilha

eiland

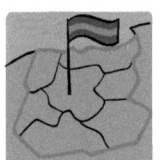

nação

natie

estado

staat

mostrador do relógio
wijzerplaat

ponteiro das horas
uurwijzer

ponteiro dos minutos
minuutwijzer

ponteiro dos segundos
secondewijzer

Que horas são?
Hoe laat is het?

dia
dag

tempo
tijd

agora
nu

relógio digital
digitale horloge

minuto
minuut

hora
uur

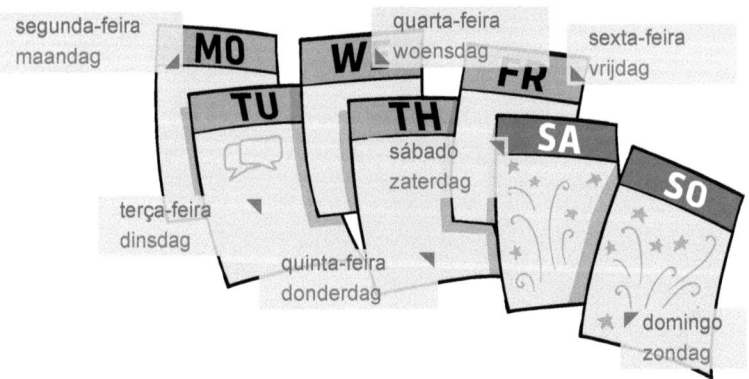

segunda-feira
maandag

terça-feira
dinsdag

quarta-feira
woensdag

quinta-feira
donderdag

sexta-feira
vrijdag

sábado
zaterdag

domingo
zondag

ontem
gisteren

hoje
vandaag

amanhã
morgen

manhã
ochtend

meio-dia
middag

entardecer
avond

dias úteis
werkdagen

fim de semana
weekend

ano
jaar

chuva
regen
arco-íris
regenboog
neve
sneeuw
vento
wind
primavera
lente
verão
zomer
outono
herfst
inverno
winter

4.APRIL 11°
5.APRIL 4°
6.APRIL 13°
7.APRIL 8°
8.APRIL 10°

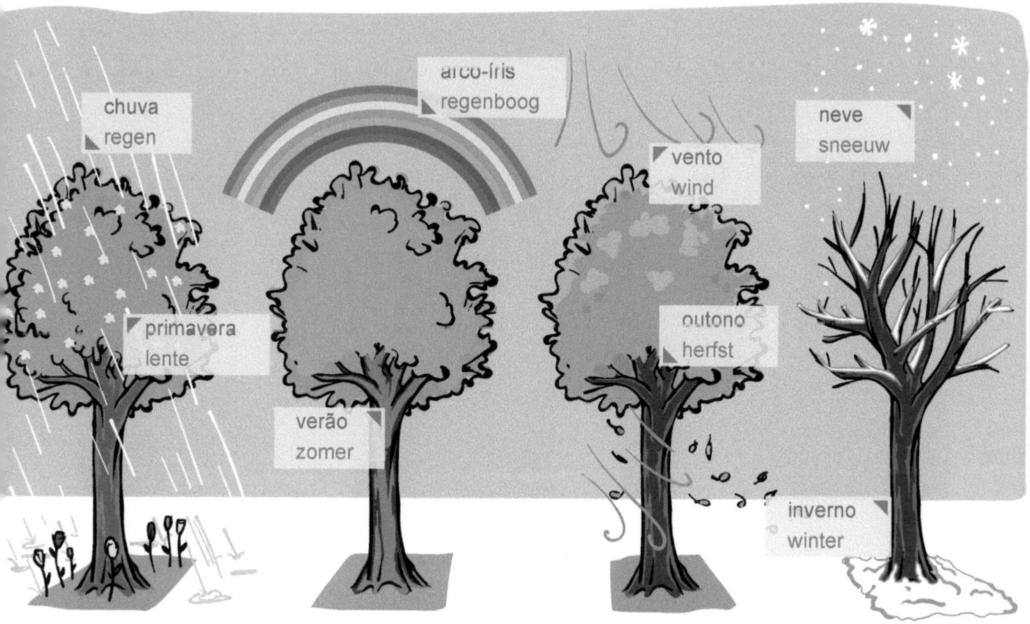

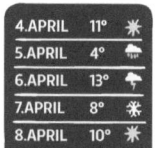

previsão do tempo

weervoorspelling

F C
120 40
90 30
60 20
30 10
0 0
-30 -10
-20

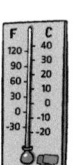

termômetro

thermometer

raio de sol

zonneschijn

nuvem

wolk

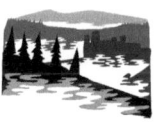

neblina / nevoeiro

mist

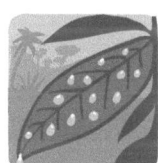

umidade do ar

vochtigheid

relâmpago
bliksem

trovão
donder

tempestade
storm

granizo
hagel

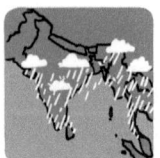

monção
moesson

inundação
overstroming

gelo
ijs

janeiro
januari

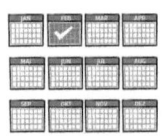

fevereiro
februari

março
maart

abril
april

maio
mei

junho
juni

julho
juli

agosto
augustus

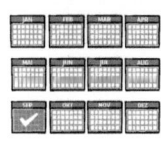

setembro

september

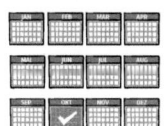

outubro

oktober

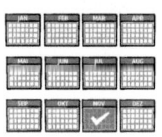

novembro

november

dezembro

december

formas
vormen

círculo

cirkel

quadrado

kwadraat

retângulo

rechthoek

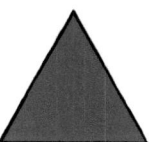

triângulo

driehoek

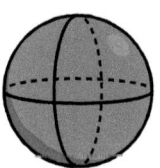

esfera

bol

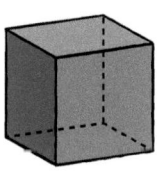

cubo

kubus

branco

wit

amarelo

geel

laranja

oranje

rosa

roze

vermelho

rood

lilás

paars

azul

blauw

verde

groen

marrom

bruin

cinza

grijs

preto

zwart

muito / pouco

veel / weinig

furioso / tranquilo

boos / kalm

lindo / feio

mooi / lelijk

começo / fim

begin / einde

grande / pequeno

groot / klein

claro / escuro

licht / donker

irmão / irmã

broer / zus

limpo / sujo

proper / vuil

completo / incompleto

volledig / onvolledig

dia / noite

dag / nacht

morto / vivo

dood / levend

largo / estreito

breed / smal

comestível / não comestível

eetbaar / oneetbaar

mau / gentil

kwaadaardig / vriendelijk

entusiasmado / entediado

opgewonden / verveeld

gordo / magro

dik / dun

primeiro / último

eerst / laatst

amigo / inimigo

vriend / vijand

cheio / vazio

vol / leeg

duro / macio

hard / zacht

pesado / leve

zwaar / licht

fome / sede

honger / dorst

doente / saudável

ziek / gezond

ilegal / legal

illegaal / legaal

inteligente / idiota

intelligent / dom

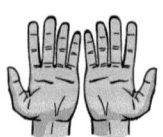

esquerda / direita

links / rechts

perto / longe

dichtbij / veraf

novo / usado

nieuw / gebruikt

nada / alguma coisa

niets / iets

velho / jovem

oud / jong

ligado / desligado

aan / uit

aberto / fechado

open / dicht

baixo / alto

stil / luid

rico / pobre

rijk / arm

certo / errado

juist / fout

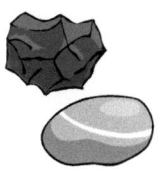

áspero / liso

ruw / glad

triste / feliz

droevig / blij

curto / longo

kort / lang

lento / rápido

traag / snel

molhado / seco

nat / droog

ameno / fresco

warm / koud

guerra / paz

oorlog / vrede

números

cijfers

0

zero

nul

1

um

één

2

dois

twee

3

três

drie

4

quatro

vier

5

cinco

vijf

6

seis

zes

7

sete

zeven

8

oito

acht

9

nove

negen

10

dez

tien

11

onze

elf

12

doze

twaalf

13

treze

dertien

14

quatorze

veertien

15

quinze

vijftien

16

dezesseis

zestien

17

dezessete

zeventien

18

dezoito

achtien

19

dezenove

negentien

20

vinte

twintig

100

cem

honderd

1.000

mil

duizend

1.000.000

milhão

miljoen

inglês

Engels

inglês americano

Amerikaans Engels

chinês mandarim

Chinees (Mandarijn)

hindi

Hindi

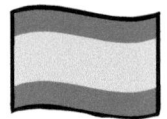

espanhol

Spaans

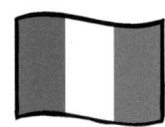

francês

Frans

árabe

Arabisch

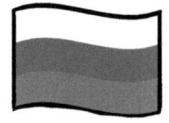

russo

Russisch

português

Portugees

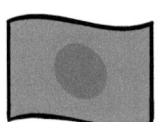

bengalês

Bengali

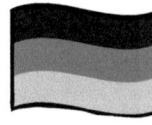

alemão

Duits

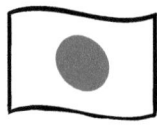

japonês

Japans

eu
ik

você
u

ele / ela
hij / zij / het

nós
wij

vocês
u

eles / elas
ze

quem?
wie?

O quê?
wat?

como?
hoe?

onde?
waar?

Quando?
wanneer?

nome
naam

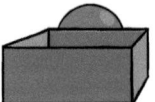

atrás

achter

em

in

na frente de

voor

sobre

boven

em cima

op

debaixo

onder

do lado

naast

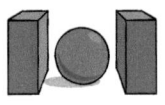

entre

tussen

lugar

plaats